8°G
3548

AF359441

LA FRANCE

DANS

L'AVENIR

PAR

Le Commandant DU BOIS-SAINT-MARD

ÉVREUX

IMPRIMERIE CH. HÉRISSEY

4, RUE DE LA BANQUE

1919

LA FRANCE

DANS

L'AVENIR

8° G
3848

LA FRANCE

DANS

L'AVENIR

PAR

Le Commandant **DU BOIS-SAINT-MARD**

———

ÉVREUX

IMPRIMERIE CH. HÉRISSEY

4, RUE DE LA BANQUE

1919

PRÉFACE

Le but de ce livre est de faire connaître à chacun les causes de la grande guerre que nous venons de subir, et les dispositions qu'il y a lieu de prendre pour éviter dans l'avenir le retour d'une semblable catastrophe.

La partie relative à la guerre a été traitée d'après des documents officiels et surtout d'après des événements vécus.

Les principes indiqués dans la deuxième partie sont utiles aujourd'hui et le seront toujours dans l'avenir, quels que soient les événements qui surviennent sur Terre. Ils appartiennent à l'Humanité tout entière, et la France sert de modèle.

Nous prions instamment les jeunes personnes des deux sexes d'en étudier tous les détails : leur avenir et leur bonheur en dépendent, ainsi que l'avenir de leur Pays.

Cᵗ DU BOIS SAINT-MARD.

Aux Armées. le 26 novembre 1918.

LA FRANCE DANS L'AVENIR

PREMIÈRE PARTIE
CARACTÈRE GUERRIER DES ALLEMANDS

CHAPITRE PREMIER

Généralités
sur la France et les Puissances mondiales.

La France est une région terrestre favorisée par la nature.

Sans être un paradis terreste, elle est une région capable de procurer l'aisance et le bonheur à ceux qui l'habitent.

Ses contours sont en partie baignés par la mer et d'un accès facile ; son climat est tempéré et modérément variable : ni trop chaud en été, ni trop froid en hiver ; son sol sillonné par un grand nombre de rivières, est fertile et facilement cultivable. Il peut être arrosé facilement.

La France est donc un pays naturellement bien conditionné et pouvant nourrir un grand nombre d'habitants.

Des autres régions de la terre, quelques-unes sont plus favorisées que la France, et ce sont les moins nombreuses ; mais d'autres sont beaucoup moins favorisées, surtout au nord et à l'est de notre pays.

Celles qui sont plus riches que nous ne nous demandent rien et nous laissent tranquilles ; mais celles qui sont plus pauvres et ne nourrissent pas leurs habitants ou les nourrissent mal, laissent naître chez ceux-ci des sentiments de jalousie, d'envie, de convoitise même, qui augmentent peu à peu d'intensité au fur et à mesure que la population augmente et deviennent dangereux pour nous.

C'est en raison de ces circonstances que le peuple allemand a toujours convoité la France, et la convoitera peut-être pendant de longues années encore.

Les invasions qui ont eu lieu dans les siècles précédents ont eu pour but la conquête de notre pays, ou tout au moins son pillage, et la formidable invasion qui a eu lieu en 1914 a eu pour but, non seulement la conquête de notre pays mais encore la domination de l'Europe d'abord, puis celle du monde entier ensuite.

La mentalité du peuple allemand — du peuple boche puisqu'il faut l'appeler par son nom — n'a pas changé depuis des siècles, et il est à craindre qu'elle ne change pas de longtemps encore ; car les enfants actuels, qui ont reçu l'éducation de la génération guerrière que nous connaissons, et qui entendront pendant de longues années encore raconter les exploits de leurs parents, resteront comme ceux-ci des guerriers dans l'âme et seront toujours pour nous un danger et une menace graves.

Pour parer à cette situation, il nous faut prendre des précautions et remplir dès maintenant les devoirs qui nous incombent, c'est-à-dire peupler la France comme elle doit l'être, augmenter notre instruction générale, augmenter nos moyens de travail et de défense, mettre nos frontières à l'abri d'une invasion nouvelle, quelle qu'elle soit.

La terre de France, comme toutes les terres du monde, n'a de valeur que par le nombre de ses habitants, par les travaux qu'ils exécutent et par les produits qu'ils lui font rendre.

Les Français de la Grande Guerre ont donc pour devoir de fonder une famille, si ce n'est déjà fait, de mettre en valeur le Pays, d'apprendre à leurs enfants l'art de le défendre, et de mettre ses frontières en sécurité absolue.

La terrible leçon de 1914 doit rester gravée dans nos cœurs d'une manière indélébile et être transmise à nos descendants d'une façon intensive, afin que, ne l'oubliant jamais, ils prennent les précautions nécessaires pour être constamment à l'abri d'une invasion et d'une catastrophe comme celles que nous venons de voir.

Il nous appartient en outre de répandre notre instruction sur le monde entier et de chercher à inculquer aux peuples les moins civilisés de la terre les principes de travail et de justice que nous possédons afin d'arriver dans un temps relativement court à les rendre aussi bons, aussi studieux, aussi instruits et aussi paisibles que nous.

CHAPITRE II

Les dangers de guerre en 1914.

Les événements survenus en 1914 sont dus à des causes diverses. Il faut les étudier pour en éviter le retour dans l'avenir.

Ils sont dus surtout au manque d'instruction des peuples qui, se connaissant mal les uns les autres et ignorant le but de l'Humanité, se heurtent au lieu de s'entr'aider, restent égoïstes, orgueilleux, renfermés en eux-mêmes ou cachotiers, incrédules ou têtus, alors qu'ils devraient être charitables, simples, studieux, clairvoyants, observateurs, patients, cordiaux entre eux, propagateurs de civilisation, généreux de sentiments et tolérants.

Ce défaut d'instruction a laissé subsister chez beaucoup d'entre eux des idées fausses qui nuisent à leur sécurité.

En France, on croyait généralement avant la guerre que celle-ci serait désormais une chose impossible ; et on basait cette opinion sur cette théorie que les engins de guerre étaient devenus tellement puissants qu'en cas de conflit ce serait la destruction complète des nations, et on en concluait que personne au monde n'oserait plus — à l'avenir — prendre la responsabilité d'une guerre.

Eh bien ! malgré cette belle théorie et ce bel optimisme, il s'est trouvé quelqu'un pour la déchaîner cette guerre, — mais non pour en prendre la responsabilité.

Celui-là c'est Guillaume II, roi de Prusse et empereur d'Allemagne.

Mais s'il a pu la déchaîner, c'est d'abord parce que son instruction et son éducation ont été faites spécialement pour cela ; ensuite parce que les Puissances du monde entier ont méconnu son véritable caractère guerrier, ainsi que celui de son peuple.

Elles ont méconnu son immense ambition, sa fourberie et son hypocrisie. Elles l'ont laissé agir à sa guise et préparer cette guerre comme il l'a voulu.

La France a même détruit les travaux défensifs qui pouvaient l'arrêter dans sa marche sur Paris.

Les Puissances mondiales ont cru en sa parole et en sa signature, alors qu'il était établi depuis longtemps qu'il renierait ses engagements et qu'il regarderait les traités qu'il avait signés comme de simples « chiffons de papier ».

Elles se sont laissé tromper par ses prétendues études de limitation des armements, par ses théories pacifistes et socialistes, par ses discours populaires, etc.

Pendant ce temps, lui, semait la haine parmi les peuples qu'il voulait combattre, faisait démoraliser les armées étrangères par ses espions, augmentait ses effectifs guerriers et ses armements, exigeait dans toute l'Allemagne une obéissance absolue aux chefs et imposait une discipline de fer.

CHAPITRE III

Guillaume II empereur d'Allemagne et ses vassaux.

Guillaume II était à peine né qu'on lui bourrait déjà le crâne de batailles et de combats. Il a été pour ainsi dire mobilisé dès le plus jeune âge. Il a été militarisé, discipliné, éduqué, entraîné pour la guerre pendant toute sa jeunesse, et comme son tempérament le portait à la chicane et à l'autorité absolue il devint vite un guerrier farouche.

En vieillissant il n'eut bientôt plus qu'un idéal : la guerre, et une guerre comme le monde n'en aurait encore jamais vue.

Dès qu'il fut au pouvoir, il y prépara son peuple et y rattacha toutes les branches de la science : chimie, physique, industrie, commerce, découvertes nouvelles telles que : automobiles, télégraphie sans fil, avions, etc.

Il savait que pour réussir dans les combats il faut une armée puissante. Il s'appliqua donc à avoir une armée ou plutôt une Nation armée plus forte que n'importe quelle autre puissance du monde, il faut reconnaître qu'il réussît dans son entreprise.

Pour obtenir rapidement les résultats qu'il cherchait, il s'adjoignit des vassaux souples, fidèles, choisis parmi ceux qui avaient les idées guerrières les plus avancées, ayant des idées conformes aux siennes, afin de n'être point gêné dans ses entreprises. Il se débarrassa des vieux serviteurs qui n'étaient plus à la hauteur des principes de son temps. Il se débarrassa de Bismarck, qui cependant avait fait ses preuves dans sa vie. Il exigea de tous ses sujets une soumission complète à sa volonté, une obéissance absolue à ses ordres, une admiration illimitée de sa puissance, et il l'obtint.

Ses vassaux devinrent rapidement des propagateurs de discipline, de principes et de méthodes de guerre extraordinaires. Ils formèrent des satellites admirablement dressés et furent bientôt secondés par les professeurs, les instituteurs et les fonctionnaires de toutes catégories; car en Allemagne tous les fonctionnaires et les employés sont des propagateurs de discipline et d'obéissance absolue au principe d'autorité. Ce sont des dominateurs de premier ordre et entièrement dévoués au régime de la Force.

Cette chose qui existait en Allemagne depuis les temps les plus reculés, existe encore de nos jours plus intensivement que jamais.

CHAPITRE IV

Le peuple boche.

En principe, les peuples en vieillissant se civilisent; ils améliorent leurs mœurs, deviennent plus humanitaires, adoucissent leurs exigences et leurs relations avec les autres peuples, auxquels ils reconnaissent le droit à l'existence.

Le peuple boche fait exception à la règle, et se barbarise en vieillissant au lieu de se civiliser. Il ne reconnaît que la force, et croit qu'augmenter sa force au point d'être le plus puissant de la Terre c'est être le mieux et le plus civilisé. Il appelle cela : « la Kultur ».

Tout, chez lui, repose sur ce principe : la Force. Il est élevé, instruit et éduqué dans les principes d'une obéissance absolue aux chefs, aux nobles, au Maître ! On le dresse dès le plus jeune âge au respect et à l'admiration sans bornes de tout ce qui représente l'autorité.

En Allemagne, dès qu'un chef, un noble, un

maître parle, il faut écouter et croire tout ce qu'il dit, car « il ne peut pas se tromper »; dès qu'il a donné un ordre il faut obéir sans discussion. La moindre hésitation amène une punition corporelle, même chez les grandes personnes, et, à part quelques rares exceptions, personne ne cherche à réagir contre un pareil système, ni à le changer.

Quant à l'empereur, c'est un Dieu! ou tout au moins un personnage tellement puissant, tellement au-dessus des autres qu'on le regarde comme un véritable représentant de Dieu sur terre. On l'admire partout; on impose son respect partout, et dans les classes on oblige les enfants à joindre les mains et même à s'agenouiller lorsqu'ils parlent de sa personne.

Il ne viendrait à l'idée d'aucun homme — commun des mortels — de discuter ses ordres. Pour le peuple, l'empereur c'est le maître des maîtres, c'est l'homme le plus puissant, non seulement de l'Empire, mais encore du monde entier, peut-être même du Ciel : c'est Dieu [1].

Le Boche est un homme d'intelligence lente. Il est généralement docile et obéissant, et grand

----

1. Depuis l'armistice — 11 novembre 1918 — les Boches ont l'air de réagir contre ces principes : mais leur instruction et leur éducation politiques ne sont pas encore assez étendues pour en comprendre toute la stupidité.

admirateur de la Force. Son caractère est plutôt sournois et fourbe.

Lorsqu'on lui donne un ordre, il observe celui qui le lui donne et cherche à se rendre compte s'il doit obéir.

Si le chef n'exige pas l'obéissance immédiate, il ne fait rien, ou bien n'en fait que le moins possible. Il se dérobe.

Mais si le chef exige l'obéissance immédiate, et parle énergiquement, ou s'il accompagne son ordre d'un geste brutal, le Boche s'exécute immédiatement et témoigne de l'admiration et du respect à celui qui vient de le commander si énergiquement ; c'est de l'obéissance passive par lâcheté. C'est l'admission sans réserve du principe de la force dans toute sa hideur.

Cet homme est presque incapable d'initiative dans les cas difficiles.

Il trouve rarement quelque chose à faire dans les moments de surprise.

En outre, il est très crédule ; on peut, avec le temps et une parole énergique, lui inculquer les principes les plus extraordinaires, même contraires à la raison ; il les adopte, c'est ce qui en fait un être dangereux.

Dès qu'il a retenu ce qu'on lui a enseigné, il ne s'en départit plus. Si le principe est bon, tant mieux, mais s'il est mauvais, tant pis. Il l'a

accepté, il y persévère et n'en démord pas : c'est
« l'entêtement boche ».

Enfin, le sentiment qui domine chez lui dès le
plus jeune âge, c'est l'envie. En grandissant, il
ne cherche pas à combattre ce défaut, au contraire.

Ses défauts augmentent de plus en plus avec
l'âge, grâce à une instruction mauvaise et
dévoyée, et s'il était améliorable étant enfant il
devient homme méchant et guerrier féroce en
vieillissant.

Telle est, dans son ensemble, la valeur du
peuple boche.

CHAPITRE V

Instruction particulière du peuple allemand.

Avec un peuple comme celui-là, Guillaume II avait toutes facilités pour préparer la guerre.

Il fit donc développer les tendances naturelles de son peuple et organisa un enseignement spécial, approprié. Aux enfants, il fit vanter par les professeurs de toute catégorie les exploits des rois et des empereurs ses ancêtres, ainsi que ceux des grands guerriers de toutes les époques. Il fit enseigner ce principe monstrueux au point de vue justice que « la Force prime le Droit » ; ajoutant même que seuls peuvent avoir des droits au commandement et être heureux sur terre ceux qui ont la puissance des armes pour eux, parce qu'eux seuls peuvent se faire obéir.

Il fit appliquer ce principe dans toute l'Allemagne, et imposa à tous une discipline de fer, que le peuple accepta sans murmurer.

Aujourd'hui, dès qu'un détenteur de la moindre

parcelle d'autorité parle, commande, il est obéi de suite, même si son ordre est rattaché au régime du « bon plaisir ».

Pour augmenter encore les idées guerrières de son peuple et l'amener peu à peu à demander lui-même la guerre, Guillaume II le fit instruire d'une façon particulière.

Il lui fit enseigner que l'Allemagne ne possédait pas ses frontières naturelles ; — comme si la nature avait limité sur terre le coin sur lequel chaque homme doit vivre — que tout le nord de la France jusqu'à la Loire devait faire partie de l'empire d'Allemagne, — ainsi que la Belgique naturellement — spécifiant même que ces provinces avaient été volées autrefois à l'Allemagne.

Pour exciter davantage les convoitises de ses sujets il leur dit qu'ils étaient trop à l'étroit chez eux, même en Europe, et qu'il leur fallait conquérir des colonies. Il ajouta même que les colonies détenues par les autres peuples avaient été pour la plupart volées à l'Allemagne ou conquises à son détriment.

Enfin, il leur insuffla la haine, en leur disant, ou leur faisant dire que « le monde leur contestait une place au soleil, empêchait leur extension mondiale ainsi que le libre développement de leur commerce », alors qu'en réalité l'Allemagne conquérait des colonies tous les jours, y compris notre malheureux Congo, et que le commerce allemand détrônait rapidement le commerce de toutes les puissances, y compris le commerce français, et cela sur tous les marchés du monde.

Notre agriculture, notre industrie étaient passés entre les mains des Allemands depuis plusieurs années déjà lorsque la guerre éclata, sans que nous ayons pris les dispositions nécessaires pour arrêter ce mouvement. L'invasion boche était si importante en 1914 que la France aurait été absorbée, accaparée, et serait disparue du cadre des nations du monde avant dix ans si la guerre n'avait pas éclaté. C'était l'invasion dite pacifique qui nous absorbait. Elle était beaucoup plus dangereuse qu'une invasion brutale, car personne ne prenant de précautions contre elle, la France se serait réveillée un beau jour esclave de l'Allemagne, ou aurait été égorgée impitoyablement sans avertissement.

CHAPITRE VI

Guillaume cultive deux défauts de son peuple :
l'orgueil et l'envie.

Pour rendre son peuple guerrier au suprême degré, pour l'amener à soutenir une guerre pendant de longues années, pour n'être jamais abandonné par lui, Guillaume II le rendit fanatique en lui prêchant une véritable guerre sainte.

Il lui prôna que de tous les peuples de la terre lui seul était l'élu de Dieu, lui seul était digne de perpétuer la race humaine, tous les autres étant dépravés, dissolus, corrompus, pourris jusqu'à la moelle et incapables de reproduire ou de conserver leur race, en particulier le peuple français, dont Paris était la « Babylone moderne ».

Dans ces conditions, le peuple allemand avait une mission divine : celle de remplacer les races existantes par la race allemande.

Enfin, il n'y avait sur terre qu'une seule vraie civilisation, une seule vraie « Kultur », de beaucoup supérieure aux autres, c'était la civilisation, la « Kulture allemande ».

En outre, l'Allemagne était la seule puissance digne de ce nom.

Elle était protégée par le vieux Dieu allemand. « Dieu est avec nous, s'écria-t-il, nous serons toujours victorieux ».

« L'Allemagne est au-dessus de tout ».

Avec un pareil enseignement, le Fanatisme ne devait pas tarder à se développer, à s'incruster d'une façon indélébile dans les cerveaux crédules boches et à rendre le peuple allemand inquiétant et dangereux pour l'Humanité.

A partir de ce moment l'Allemagne perdit la notion du juste et du vrai ; elle perdit le don et la possibilité du raisonnement ; elle n'eut plus qu'une idée en tête, se battre pour accomplir la « mission divine » qui lui était confiée. Elle était fanatisée, et ses guerriers juraient de se faire tuer « pour la plus grande Allemagne! » « pour leur empereur! »

Et nous, malheureux Français, nous ne voulions pas voir tout d'abord ce danger, cette épée de Damoclès suspendue au-dessus de nos têtes, ce cataclysme en voie d'évolution.

Et nous avons failli sombrer dans la catastrophe.

CHAPITRE VII

Guillaume II instruit et entraîne son armée.

L'ensemble du peuple allemand étant préparé à la guerre, Guillaume II voulut avoir une armée et une marine extrêmement puissantes, afin d'obtenir la victoire du premier coup, même en faisant face à plusieurs directions à la fois.

Il fit donner à ses troupes un enseignement moderne, basé sur les résultats obtenus dans les guerres les plus récentes, particulièrement dans la guerre Russo-Japonaise. Il donna une grande extension à l'emploi de la fortification sur le champ de bataille; il créa les compagnies de mitrailleuses et l'artillerie lourde de campagne; il fit étudier, mais en secret, l'emploi des lance-flammes, des gaz asphyxiants, des bonbons empoisonnés, etc. ; il fit enseigner des ruses de guerre abominables, atroces, tel que : placer des civils devant les troupes : femmes, enfants, vieillards, ainsi que des prisonniers pour couvrir leur marche en avant ; l'emploi des

déguisements en tenues de l'adversaire, afin
d'approcher plus facilement de l'adversaire :
l'emploi des infirmiers, des brancardiers por-
teurs de leurs brassards et de leurs brancards
pour simuler la recherche des blessés et l'enter-
rement des morts, et porter en réalité des mitrailleuses camouflées sous des couvertures aux
endroits les plus convenables, afin de prendre
d'enfilade des positions difficilement abordables ;
l'emploi des sonneries ennemies pour faire
cesser le feu et rassembler les troupes afin
d'avoir de plus belles cibles à abattre ; l'emploi
de la reddition simulée, le « Kamarad », afin
d'amener la découverte de l'adversaire, son
approche le plus possible et sa tuerie plus
facile et sans danger ; enfin le terrorisme des
populations par la mutilation des femmes et des
enfants, le viol, l'incendie, le pillage, et d'autres
atrocités encore condamnées par toutes les lois
de la guerre, mais qu'il voulait utiliser, « pour
obtenir, disait-il, une paix plus rapide et avan-
tageuse : une paix allemande » ; comme si les
moyens barbares, la violence et le crime avaient
jamais fait fléchir le courage et rendu lâches les
gens de cœur et d'honneur.

CHAPITRE VIII

**Services de l'espionnage, de la propagande venimeuse,
de la fourberie et du mensonge allemands.**

Pour guerroyer en toute connaissance de
cause et éviter les surprises, Guillaume II organisa un service d'espionnage formidable, qu'il
camoufla sous le nom de « service des renseignements ».

Pour connaître les organisations militaires,
les ressources en armements, en vivres, en produits industriels de toutes sortes, les moyens
de transport et de communication, pour se tenir
au courant de leurs modifications, pour connaître les habitudes, les mœurs, l'état d'esprit
des peuples étrangers, ainsi que les projets et
les entreprises de leurs gouvernements, Guillaume II employa d'abord tous ses personnages
officiels : ambassadeurs, consuls, ministres plé-
nipotentiaires, etc. ; puis ses sujets établis dans
chaque pays : commerçants, industriels, ingé-
nieurs, travailleurs; puis, les voyageurs, les

ambulants, les saltimbanques, etc.; enfin il
enrôla dans chaque Nation des espions : personnages ambitieux, besoigneux, tarés, louches,
noceurs, bambocheurs, même haut placés; des
femmes de mauvaise vie, y compris celles qui
portaient de grands noms, même historiques,
pour obtenir les renseignements secrets qu'il
voulait avoir.

Il eut ainsi une armée d'espions, dénués de
tout scrupule, de toute moralité, de tout sentiment d'humanité, n'ayant que l'instinct de la
brute ou de la bête sauvage, qui ne craignirent
pas de vendre leur Patrie, leurs parents, leurs
frères, voire même leurs femmes et leurs enfants
pour toucher quelques gros sous et satisfaire
leurs goûts immondes et leurs instincts bestiaux.

Pour recueillir les renseignements de ses
espions, Guillaume II créa des moyens de communication spéciaux : signaux lumineux ou
optiques, codes secrets, courriers spéciaux, etc.
Il employa la valise diplomatique, les rendez-
vous secrets, les fonctions domestiques, les
voleurs et les cambrioleurs et d'autres moyens
encore, car tous les moyens lui étaient bons
pour obtenir les renseignements qu'il voulait
avoir.

Guillaume a tout mis au service de la guerre,
sauf l'honneur.

Puis enfin, pour parfaire cette belle organisation, il créa un service de circulaires tendancieuses, de mensonges officiels, lancés par T. S. F. par des agences d'État et par la presse quotidienne afin d'influencer les neutres, les hésitants, les timorés, les propagateurs de mauvaises nouvelles ; maintenir et jeter le trouble, le doute, la discussion envenimée, la discorde dans les familles, dans les sociétés, dans les gouvernements.

Il prépara ainsi le bouleversement des esprits, puis le partage du monde en deux camps : celui des partisans de la force brutale et de l'esclavage d'un côté et celui des partisans du Droit et de la liberté de l'autre.

Quelles leçons pour nous pour l'avenir !

CHAPITRE IX

Guillaume II excite son peuple à la guerre et tâte l'opinion du monde.

Lorsque son service de guerre fut organisé, Guillaume II voulut se rendre compte de son fonctionnement, de sa puissance et de son effet moral sur le monde.

Il fit des discours sensationnels dans son empire, dans lesquels il dénonça de prétendus préparatifs militaires agressifs chez ses voisins, des actes de mauvais voisinage, tant en Europe que dans les colonies. Puis, tout en se disant le plus pacifique des hommes, il demanda à son armée de conserver « sa poudre sèche », ses « sabres bien aiguisés », de lui obéir et de le servir aveuglément jusqu'à la dernière extrémité, jusqu'au dernier homme.

Enfin, pour connaître l'état d'esprit des puissances mondiales et se rendre compte du jugement que l'on portait sur son armée, il voyagea. Il passa par le Maroc et provoqua la France à

Tanger ; il rendit visite au sultan de Turquie et le gagna à sa cause en lui promettant secrètement des compensations aux dépens des puissances voisines. Il entretint le fanatisme de son peuple en se rendant sur le tombeau de Jésus-Christ.

Plus tard, il fit contre nous le « Coup d'Agadir » et nous ravit le Congo. Enfin, il prépara des révolutions ou des chicanes guerrières dans les pays qu'il soupçonnait pouvoir devenir ses adversaires.

Et maintenant qu'il sait ce qu'il veut, qu'il est fixé sur la valeur militaire de ses adversaires, il prépare les grands événements et précipite la catastrophe.

CHAPITRE X

Guillaume II exulte, il déclanche la guerre.

Guillaume II ayant tout préparé, ayant créé des moyens de combat puissants, accumulé du matériel et des munitions en quantité suffisante pour une longue période, préparé la mobilisation, le rationnement et le ravitaillement de la population, pris les dispositions financières voulues, amène son peuple à vouloir la guerre, et déclanche la catastrophe.

Il a choisi son heure, il a trompé ses adversaires, il exulte.

Cependant, conformément à son plan et à ses mœurs basés sur l'hypocrisie, la fourberie, la poltronnerie et la peur des responsabilités, il ne veut pas laisser croire qu'il l'a déclanchée.

Il essaye d'en rejeter la responsabilité sur les puissances adverses ou, en cas d'insuccès de ce côté, sur son vieux vassal l'empereur d'Autriche François-Joseph, en exploitant l'accident de Serajevo.

Mais l'humanité ne fut pas dupe de cette supercherie et reconnut bien vite le véritable responsable.

En effet lorsqu'on proposa à l'empereur une réunion des Puissances européennes, en Congrès, pour essayer de sauver la situation et maintenir la paix, il se garda bien d'accepter. Au contraire il refusa nettement les propositions qui lui étaient faites et envoya un ultimatum à la Russie ; puis il déclara la guerre à celle-ci.

Et le conflit se généralisa.

La France fut accusée de crimes imaginaires, puis attaquée comme la Russie.

Cependant, pour faire croire aux Neutres que a France avait mobilisé la première, l'empereur d'Allemagne ne mobilisa tout d'abord que la partie centrale de son empire, reculant de quelques quarts d'heure la mobilisation de ses corps-frontière d'Alsace-Lorraine.

Mais la violation du territoire français avait été déjà consommée depuis plusieurs jours, alors que nos troupes, pour éviter tout incident et faciliter les démarches diplomatiques Franco-Anglaises, avaient été reculées de 10 kilomètres vers l'intérieur.

La première partie du plan de Guillaume était réussie : la guerre mondiale était déchaînée, la terre entière allait être mise à feu et à sang.

CHAPITRE XI

**Vicissitudes diverses de la guerre
Guillaume le Fourbe ou Guillaume le Féroce.**

Guillaume II, connaissant parfaitement les ressources militaires de toutes les puissances qu'il avait à combattre, décida de porter tout d'abord son effort principal sur la France.

Il savait que la Russie ne pouvait rassembler ses forces qu'en plusieurs semaines, et que la puissance combative de cette armée était beaucoup plus limitée que celle de la sienne.

Il n'avait donc pas grand'chose à craindre de ce côté. Quant à « la méprisable petite armée du maréchal French » il n'avait pas à en tenir compte, il l'anéantirait plus tard, quand il en aurait terminé avec l'armée française.

Il fit donc semblant de porter toutes ses forces du côté de l'Alsace et de la Lorraine afin de tromper l'armée française ; puis utilisant l'important réseau de chemins de fer qu'il avait fait construire à l'ouest de son Empire, il transporta

toutes ses troupes en Belgique, par Aix-la-Cha-
pelle, et le Luxembourg, ne laissant en Alsace-
Lorraine que juste ce qui était nécessaire pour
obliger l'armée française à rester dans ce secteur.

Malheureusement, en ce bas monde, les choses
les plus imprévues surviennent toujours au
moment où on s'y attend le moins. La Belgique
opposa une résistance inattendue et l'armée
allemande fut obligée de perdre du temps pour
la combattre, ce qui permit à l'armée française
de changer de front et de faire face au nouveau
danger.

Mais l'armée française ne put cependant pas
arrêter le flot allemand, et perdit la bataille de
Charleroi, pour les raisons que nous étudierons
plus tard.

La retraite s'ensuivit, et l'invasion commença.
Quelle triste et terrible chose qu'une invasion. Il
faut avoir passé là, avoir vu tous ces pays
ravagés par les barbares pour s'en faire une
idée : les maisons pillées et brûlées, les meu-
bles saccagés et brisés, les victuailles volées et
répandues sur le sol, les récoltes emportées, les
animaux de basse-cour éventrés, et bien d'autres
choses affreuses encore.

Cependant, comme notre armée n'était pas
anéantie, tant s'en fallait, tout n'était pas perdu.
Le regroupement de nos forces se fit régulièr

ment et normalement pendant la retraite, puis nos Poilus firent une première volte-face à Guise et imposèrent à l'armée allemande l'obligation de marquer un premier temps d'arrêt et de changer de direction.

Plus en arrière, nos Poilus s'alignant dans les plaines de la Marne, et plus loin dans la direction de l'Est, en passant par les marais de Saint-Gond, Revigny, etc., battirent l'armée allemande à plate couture et l'obligèrent à battre en retraite.

Ce fut la manœuvre de notre 6e armée, renforcée par l'armée de Paris, sur le flanc droit de l'adversaire qui décida de la victoire.

Mais malgré leur défaite, les Boches n'étaient pas tous anéantis, et gardant tout le nord de la France ils continuèrent la lutte en occupant de profondes tranchées protégées par des réseaux de fil de fer.

Cette guerre de tranchée n'a été qu'une guerre de transition ; mais elle a permis aux Boches de vivre sur notre Pays pendant quatre ans et même, peut-on dire, sur une des meilleures et des plus riches parties de la France.

A partir de ce moment, les conditions de la guerre furent changées. Pour chasser le Boche il aurait fallu imaginer quelque chose de nouveau : une nouvelle tactique et des moyens de combat nouveaux.

Mais laissons cette question de côté pour le moment, nous l'étudierons plus tard.

Après la bataille de la Marne, en 1914, il y eut encore de rudes combats ; mais aucun ne fut décisif.

En 1915, le Kaiser, voyant qu'il n'obtenait pas sur le front occidental les succès qu'il espérait, prescrivit l'emploi des moyens barbares qu'il avait fait étudier quelques années auparavant et qui devaient lui donner, pensait-il, des succès décisifs.

D'abord conformément à son plan et à ses mœurs sournoises et fourbes, il fit répandre le bruit dans tout l'Univers, par ses espions, qu'un grand inventeur français — dont on citait le nom — avait trouvé un explosif nouveau capable d'anéantir une troupe entière avec un seul projectile. On ajoutait même que des expériences avaient déjà été faites — on citait même l'endroit — qui avaient permis d'anéantir un troupeau de plusieurs centaines de moutons avec un seul obus. Puis, un peu plus tard, une semaine environ avant l'emploi de son nouveau moyen d'attaque, le Kaiser fit lancer sur le monde entier un radio par lequel il accusait l'Entente d'avoir employé des gaz asphyxiants sur le champ de bataille.

Et croyant ainsi avoir sauvé la face et dégagé sa responsabilité, il fit utiliser par ses troupes les nuages de gaz asphyxiants qui, surprenant nos défenseurs, firent de nombreuses victimes.

Presque en même temps il fit employer également les lance-flammes qui surprirent également nos hommes, les grillèrent horriblement et leur infligèrent une mort atroce.

En Russie, il obtint des succès par le même moyen, ainsi qu'avec son artillerie qui, beaucoup plus puissante et mieux approvisionnée que l'artillerie russe, lui permit de faire une avance sensible en Pologne et même au delà.

Mais les résultats qu'il obtint ne furent pas non plus décisifs, et toutes les Puissances de l'Entente continuèrent la résistance.

Au mois de mars 1915, notre tactique n'ayant pas été encore suffisamment modifiée, les résultats que nous obtînmes en Champagne ne furent pas non plus décisifs.

En septembre 1915, dans le même secteur, et en Artois les résultats que nous obtînmes furent meilleurs que précédemment, parce que notre préparation d'artillerie fut meilleure et plus puissante ; c'était déjà de notre part une tactique nouvelle qui surprit les Boches. Mais c'était loin encore d'être parfait et décisif. Et l'Allemagne continua la lutte, occupant toujours notre territoire.

En février 1916, les Boches ayant adopté et

amplifié notre méthode d'écrasement par l'artillerie avant l'attaque, faillirent obtenir de bons
résultats sur Verdun. Mais la résistance héroïque
de nos Poilus, puis la réplique que nous fîmes
plus tard dans la Somme les arrêta dans leur
tentative de marche en avant.

En cette même année, les Russes s'étant res-
saisis et réapprovisionnés obtinrent de bons
résultats sur l'Autriche.

Mais en fin de compte, aucun des adversaires
n'eut la possibilité d'imposer à l'autre sa volonté,
et la guerre continua.

En 1917, la Russie, par suite de l'ignorance
et de la crédulité de son peuple, se laissa en-
dormir et ficeler pour ainsi dire, par les agents
d'espionnage allemands ; elle se livra pieds et
poings liés au plus traître et au plus féroce des
barbares ; elle sombra dans l'abîme.

Nous connaîtrons plus tard cette partie histo-
rique. Nous apprendrons toutes les souffrances
de ce malheureux peuple, toutes les fourbe-
ries et toutes les cruautés des Allemands. Mais
dès maintenant nous pouvons retenir cet enseignement : que l'ignorance et la crédulité
des peuples sont les pires de leurs maladies.

Vers cette époque, le Kaiser, Guillaume le
Féroce, croyait avoir gagné la partie et se voyait
déjà le « maître du monde ».

Cependant, il avait provoqué et insulté l'Amérique d'une façon telle depuis le début de la campagne que les États-Unis se déclarèrent en état de guerre avec lui ; et en 1918 les surprises furent grandes de tous côtés.

Presque maître de toutes les Russies et de l'Europe centrale, Guillaume II put envoyer sur notre front de bataille les nombreuses divisions combattantes qui se trouvaient auparavant sur le front oriental. Et la victoire lui sourit.

Le 21 mars 1918 les événements devinrent rapidement graves pour nous. Une coupure formidable, d'au moins 60 kilomètres, se produisit entre l'armée anglaise et la nôtre.

Heureusement, nos poilus arrivèrent à toute vitesse sur le lieu du danger et la brèche Amiens-Montdidier fut masquée.

Mais le Boche ne se tint pas pour battu. Il se reforma ailleurs, et toujours extrêmement bien renseigné sur nos points faibles, il recommença sur le Chemin des Dames, le 27 mai suivant, le mouvement de percée qu'il avait raté dans la Somme.

Et Château-Thierry fut pris.

Mais là encore le danger fut paré à temps. Le Boche, bloqué sur la rive droite de la Marne, dut marquer un temps d'arrêt.

Le 15 juillet suivant il recommença son attaque

et franchit la Marne entre Château-Thierry et Dormans.

Cette fois le danger était grand, car si le mouvement tournant qu'exécutait l'armée allemande réussissait c'était l'enveloppement d'une grande partie de l'armée française et la prise de Paris presque certaine.

Et alors, que devenaient la France et la liberté du monde ?

Déjà, les prisonniers boches ayant travaillé dans Seine-et-Marne et qu'on avait refoulés sur l'intérieur, sentant venir les « kamarades » pour les délivrer, se frottaient les mains.

Mais la manœuvre française commença.

Le secteur de l'Ourcq tint bon d'abord et puis, mieux que cela, il prit à son tour l'offensive. Le 17 juillet au matin lorsque les populations des environs de Lizy-sur-Ourcq se réveillèrent, elles eurent la bonne surprise de voir les « saucisses françaises » d'Ocquerre, de Crouy-sur-Ourcq, de Mareuil-sur-Ourcq n'être plus à leur place habituelle et ayant fait un bond en avant sérieux : elles avaient en effet avancé d'environ six kilomètres. C'était de bon augure.

Certaines troupes de notre 6ᵉ armée avaient même avancé beaucoup plus que cela et envoyaient sur l'arrière de nombreux prisonniers boches.

C'était le commencement de la revanche.

Les jours suivants, les 5°, 6° et 10° armées françaises exécutant la manœuvre prescrite, obligèrent le Boche à faire demi-tour, à retraverser la Marne pour remonter vivement vers le Nord, s'il ne voulait pas être irrémédiablement perdu.

La tactique qu'on attendait depuis si long_temps se déclanchait enfin et donna les résultats qu'on en attendait. La victoire se tourna de notre côté et terrassa les plus féroces guerriers du monde : le peuple boche et son Kaiser mordaient la poussière.

En moins de quatre mois, l'Allemagne fut disloquée, révolutionnée, puis obligée de demander la paix.

Le Kaiser et toute sa bande familiale s'enfuirent en Hollande, comme des lâches, abandonnant à eux-mêmes les peuples qu'ils avaient entraînés dans le crime et précipités dans la honte et le déshonneur.

CHAPITRE XII

Conclusion.

De cette rapide étude il résulte :

1° Que le peuple allemand a toujours été, depuis qu'il existe, une menace pour l'Humanité ;

2° Que pour être en sécurité en France nous devrons toujours prendre des dispositions de défense puissantes, plus puissantes que les moyens d'attaque de nos adversaires.

3° Que pour arriver à ces résultats il nous faut dès maintenant rehausser nos cœurs, revivifier notre sang, augmenter nos familles, adopter des mœurs plus actives en tout et pour tout, corriger nos défauts moraux et politiques, répandre partout notre science et notre savoir, enfin rester toujours le peuple le meilleur, le plus instruit et le plus juste de la terre, afin d'avoir toujours avec les autres peuples de l'Univers des relations cordiales et de pouvoir travailler avec eux au maintien de la paix, à l'amélioration de la civilisation, à l'augmentation du bien-être et du bonheur de l'Humanité.

ESQUISSE SUR
L'ORGANISATION GÉNÉRALE DE LA FRANCE

CHAPITRE PREMIER

Devoirs généraux des Français.

Les événements de la Grande Guerre doivent nous servir de leçon.

Nous ne devons plus, dans l'avenir, commettre des fautes comme celles de 1914 et des années précédentes. Nous devons, dès maintenant, corriger nos défauts, combler les lacunes qui existent dans notre organisation sociale, augmenter nos moyens de travail ainsi que nos moyens de défense, afin de pouvoir subvenir seuls à nos besoins et faire respecter notre pays d'une façon absolue, quelle que soit la puissance ennemie qui nous attaque.

Pour corriger nos défauts, il faut réformer nos méthodes ouvrières, combattre notre nonchalance et notre pusillanimité, augmenter notre

instruction générale et la compléter par la pratique.

Pour augmenter notre production nationale,
tant en récoltes qu'en élevage et en produits
industriels, il faut utiliser toutes les ressources
de notre sol, riche à tous les points de vue, et
l'exploiter avec tous les moyens que la science
met à notre disposition.

Pour nous mettre à l'abri d'une invasion, il
faut d'abord mettre nos frontières en état de
défense de façon à les rendre inviolables même
par surprise; puis il faut créer et organiser une
société des peuples civilisés, qui formera une
garde spéciale, de police, ayant pour mission
d'empêcher toute nation guerrière, quelle qu'elle
soit, de violer les territoires et les habitants des
autres nations.

Pour arriver à ces résultats, il faut organiser
un gouvernement parfait, qui soit le groupement
de tout ce qu'il y a de meilleur comme pères et
comme mères de famille en France.

Ce gouvernement, indispensable, adminis-
trera la France.

Les Français ne peuvent pas se réunir tous
en un seul point de leur territoire pour discuter
de leurs intérêts et trancher toutes les questions
qui les intéressent. Il leur faut donc obligatoire-
ment désigner des délégués et des déléguées

pour faire le travail et voter les lois nécessaires.

Ces lois étant votées, il faut les faire exécuter et veiller à leur application.

Les délégués et déléguées nommeront des ministres pour faire ce travail, ainsi qu'un Président de la République pour coordonner les travaux de tout le monde et représenter la France à l'égard de l'étranger.

Pour former un bon gouvernement, il faut de bons électeurs et de bonnes électrices, c'est-à-dire qu'il faut que chacun connaisse les devoirs qu'il a à remplir envers soi-même, envers les autres et envers son pays. Il faut qu'il connaisse le but de l'Humanité.

CHAPITRE II

Devoirs de l'homme et de la femme.
But de l'Humanité.

Chacun arrive sur terre en vertu d'une loi divine, unique : la loi de la création du monde.

Cette loi impose à chacun, aux différents âges de sa vie, des devoirs particuliers inéluctables. Tous les hommes, aux mêmes âges, éprouvent les mêmes besoins, et sont obligés d'accomplir les mêmes devoirs.

Il résulte de cette loi naturelle que tous les hommes, aux mêmes âges, possèdent les mêmes droits à l'existence et ont les mêmes devoirs à remplir. Telle est la base de toutes les lois humaines sur terre.

Chacun les comprend lorsqu'il a l'âge voulu.

Il porte gravé dans son cœur le but de l'humanité, qui est de perpétuer la race, jusqu'à la consommation des siècles. Chacun également reconnaît avec l'âge son idéal, l'idéal de l'Humanité, qui est d'arriver à un état de perfection voisin de la divinité.

Cette perfection ne peut être atteinte que si chacun se connaît bien personnellement, sait ce dont il est capable, et se rend compte des résultats qu'il peut obtenir en travaillant.

Le premier devoir de l'homme est donc de s'instruire. Dès le plus jeune âge du reste il cherche à le faire, à imiter ses parents, à faire le même travail qu'eux.

Au début de la vie, cette instruction est donnée par les parents. Mais plus tard il appartient à la société de continuer et de compléter cette instruction, si les parents ne peuvent plus le faire, afin d'obtenir de bons résultats dans l'ensemble de la nation et d'avoir des descendants parfaits, se rapprochant le plus possible de la divinité.

Dieu a créé l'homme tel que nous le voyons et lui a donné des bras, des jambes, une force et une intelligence déterminées pour lui permettre d'atteindre ou de gagner sa nourriture, de la faire croître, de confectionner ce qui lui manque et ce qui est nécessaire à sa subsistance, à sa sécurité, à son existence.

Il lui a donné le commandement sur toutes les créatures et tous les éléments qui existent ou se manifestent à la surface du globe.

Il lui a imposé l'obligation de rapporter au foyer la nourriture et tout ce qui est nécessaire à la subsistance et à l'existence de sa famille

A la femme, il a donné la maternité, c'est-à-dire la douceur, la patience et l'activité nécessaires pour être mère, ainsi que la prévoyance et la tendresse nécessaires pour maintenir près d'elle son mari et donner aux enfants les secours dont ils ont besoin.

Il résulte de cette loi de la création, que chacun ici-bas a des devoirs à remplir et qu'il a reçu de Dieu les droits et les moyens nécessaires pour les accomplir.

La société a pour devoir de veiller à ce que chacun ici-bas travaille et récolte le nécessaire pour assurer sa subsistance et celle de sa famille.

CHAPITRE III

Fondation et organisation de la Famille.

Lorsque le jeune homme et la jeune fille ont atteint l'âge prescrit, c'est-à-dire le terme de leur croissance, Dieu leur impose l'obligation de se marier. Toutefois, les personnes malades, ou mal constituées, ou incomplètes, en sont dispensées, au moins pendant la période de leur indisposition ou jusqu'à l'époque de leur formation complète.

Au point de vue social, comme au point de vue divin, le mariage est un devoir, et sauf les exceptions indiquées ci-dessus, nul ne peut l'éluder. Ceux qui veulent s'y soustraire sont punis comme ils le méritent. Ils tombent malades d'abord, puis meurent ensuite dans le remords et la souffrance : la maladie et la mort étant dans ce cas une punition impitoyable infligée par le Créateur de l'Humanité.

Le mariage est aussi un droit, et la société a pour devoir de faciliter son accomplissement.

Nul ne peut empêcher le mariage du jeune homme et de la jeune fille bien constitués, sains de corps et d'esprit, remplissant les conditions physiques voulues pour fonder une famille.

Cependant, comme il importe de conserver la race humaine forte et pure, le mariage entre proches parents, entre gens se trouvant dans une situation exceptionnelle ne peut être autorisé que dans des cas exceptionnels.

Le mariage a pour but la création de la famille et les époux ont pour devoir d'élever leurs enfants.

Du reste, pour les travailleurs, les gens habiles et courageux la chose est facile; et puis la société vient en aide à ceux qui sont momentanément gênés ou frappés par le malheur.

Le bonheur et la richesse résident dans la famille, et seulement dans la famille.

Les produits de la Terre sont d'autant plus abondants que les travailleurs sont plus nombreux. L'homme n'a pas à craindre les maladies, et par suite la famine, s'il observe les lois qui régissent sa création. Il est créé pour se donner du mouvement. Il ne peut jouir d'une bonne santé et être heureux qu'autant qu'il observe cette loi.

Or ce mouvement doit être fait pour augmenter les produits de la terre et non pour des travaux inutiles ou dangereux.

Ceux qui accompliront ce devoir seront certainement et naturellement plus heureux que ceux qui ne l'accompliront pas, et la récompense qui leur sera accordée sera une longue et facile existence, une vieillesse heureuse et une belle mort soulagée par leur famille.

Le devoir de la société est de faciliter la tâche de chacun, d'améliorer ses moyens de travail et d'augmenter les produits nationaux, afin d'augmenter le bien-être et le bonheur de tout le monde.

CHAPITRE IV

Organisation générale de la société française.

Les gens mariés fondent une famille et établissent leur demeure sur la partie du territoire qu'ils ont choisie.

A côté d'eux se sont établies d'autres familles, et ainsi la commune se trouve constituée.

En France, les communes ont été classées en groupements plus ou moins importants et ont formé des cantons, des arrondissements, des départements.

La France entière forme la Nation que nous connaissons.

Les autres peuples de la terre se sont groupés comme les Français et ont formé également des Nations.

Les relations que les différentes familles ont entre elles dans une même Nation, ainsi que les relations que les différents États terrestres ont entre eux sont réglées par des lois que les peuples ont reconnues nécessaires et que tout le monde respecte.

Ainsi, deux voisins ont besoin d'aller l'un chez l'autre, ils ne passent pas n'importe où; ils suivent le chemin qu'ils se sont tracé, qu'ils ont adopté d'un commun accord, et respectent les terrains cultivés qui séparent leurs habitations ou bordent le chemin tracé.

En agissant ainsi, ils ont adopté une première loi, la loi de la circulation publique.

Ces mêmes voisins travaillent. Ils ne font sans doute pas les mêmes genres de travaux; chacun a sa spécialité; chacun produit, dans son genre, plus qu'il ne lui est nécessaire pour ses besoins personnels, mais manque du produit fabriqué par son voisin et qui lui est cependant nécessaire pour vivre.

Ces deux voisins vont-ils se battre et se piller mutuellement pour avoir ce qui leur manque? Non! La loi divine ne le veut pas; elle pousse au contraire ces deux hommes à s'entendre entre eux et à échanger leurs produits superflus. Elle incite les hommes à s'entr'aider les uns les autres, à se rendre service au lieu de s'entre-tuer.

En agissant conformément à cette loi naturelle les deux voisins ont adopté une deuxième loi humaine : la loi des échanges des produits récoltés.

Les peuples doivent s'entendre entre eux et

agir d'après les principes indiqués ci-dessus. Ils doivent se ménager entre eux des relations cordiales, échanger leurs produits de façon à se faciliter leur existence, s'entr'aider, se rendre service, et non s'entre-tuer et se piller les uns les autres.

Le peuple allemand, qui avait autrefois souscrit à ces principes d'humanité, les a reniés en 1914 et s'est conduit depuis d'une façon honteuse ; il a violé par préméditation les territoires de ses voisins ; volé, pillé, brûlé, saccagé, tout ce qui se trouvait sur son passage ; commis les crimes les plus atroces et détruit tout ce qu'il n'a pu emporter.

Il s'est déshonoré et restera jusqu'à nouvel ordre « la Honte de l'Humanité, la gangrène du « Genre humain ».

. . . .

Pour que les peuples aient entre eux de bonnes relations, il faut qu'ils connaissent leurs devoirs et ne dépassent pas leurs droits les uns à l'égard des autres ; il faut qu'ils reconnaissent et observent les principes du respect mutuel et de la justice immuable ; il faut qu'ils travaillent à s'améliorer, à s'entr'aider les uns les autres et non à s'entre-tuer, à s'entre-dévorer.

La France a adopté ces principes depuis longtemps, elle y persévérera dans l'avenir.

CHAPITRE V

Devoirs des électeurs et des électrices.

La société française ne peut pas se réunir tout entière sur une place publique pour discuter de ses intérêts. Elle est trop nombreuse; ses travaux seraient impossibles; les résultats seraient nuls.

Pour obtenir des résultats pratiques, il faut qu'elle se contente de désigner quelques-uns de ses membres pour former un Parlement qui gouvernera le pays.

La proportion des personnes à désigner est en général d'un homme et d'une femme par cent mille habitants.

Et ainsi, le Parlement se compose de la Chambre des hommes et de la Chambre des femmes. Les deux Chambres se réunissent en Congrès toutes les fois que cela est nécessaire pour voter les lois d'une façon définitive.

Les délégués et déléguées nomment eux-mêmes des Ministres et un Président de la République pour faire exécuter les lois, maintenir les relations avec les puissances étrangères, signaler au Parlement les améliorations qu'il y a lieu d'apporter aux lois, en raison des expériences acquises ou des découvertes nouvellement faites mettant à la disposition de l'humanité d'autres moyens de travaux que ceux connus jusqu'à ce jour.

Les Ministres et le Président de la République constituent le « Pouvoir exécutif ».

Tous les Français et les Françaises âgées de 21 ans au moins, sachant lire et écrire et jouissant de leurs droits civils et politiques sont électeurs et électrices.

Ils sont chargés de nommer les délégués et déléguées au Parlement, ainsi que les Conseillers généraux, les conseillers d'arrondissement et les conseillers municipaux qui s'occupent des intérêts de la région, des départements, de l'arrondissement et de la commune.

Le choix des électeurs et des électrices doit se porter sur les pères et mères de famille, Français et Françaises ayant fait leurs preuves dans l'existence, c'est-à-dire ayant élevé leurs enfants du produit de leur travail et ayant obtenu les meilleurs résultats dans l'administration et l'éducation de leur famille. Le vote est obligatoire pour les électeurs et les électrices ;

car, de même qu'il est obligatoire de s'occuper de la subsistance, de l'entretien et de la sécurité des siens, de même il est obligatoire de s'occuper de la subsistance, de l'entretien et de la sécurité du pays.

Les électeurs et les électrices sont responsables de la vie générale de leur pays comme ils sont responsables de la vie de leur famille. Ils doivent donc s'occuper constamment des questions sociales et politiques de leur Patrie et ne jamais s'en désintéresser.

Ils doivent voter en toute conscience et en toute connaissance de cause.

Ils ne doivent jamais se laisser influencer ni corrompre. Ils ont le devoir de demander à ceux qui se présentent comme candidats des explications sur leurs desseins politiques et les buts nationaux et humanitaires qu'ils ont en vue.

La richesse, le bien-être et la sécurité de la Nation dépendent de la valeur des parlementaires. Si ceux-ci sont incapables, ou mauvais, les lois qu'ils voteront seront certainement mauvaises et la situation, la richesse, le bien-être, la sécurité de la France en souffriront. Peut-être même la France en mourra-t-elle.

Si donc les électeurs et les électrices ne prennent pas part au vote qui sert à désigner les délégués et les déléguées au Parlement, ou s'ils font

un mauvais choix par suite de leur engagement mauvais, ou de la vente de leur vote, ils
commettent une faute grave. Ils perdent le droit
de se plaindre ou de récriminer lorsque les parlementaires votent et font mettre en exécution
des lois de ruine, de vexation, de déshonneur et
d'insécurité du pays. Ils se font du mal à eux-
mêmes, ainsi qu'à leur famille, sans possibilité
de retrouver plus tard la richesse et le bonheur
perdus.

CHAPITRE VI

Devoirs des élus.

Les délégués et déléguées parlementaires, en acceptant le mandat qui leur a été confié, ont accepté la responsabilité du gouvernement du Pays.

Ils ont pris l'engagement de faire progresser les civilisations française et humaine le plus possible, de faire bénéficier l'humanité de tous les perfectionnements qui ont été et qui seront accomplis en ce bas monde, enfin de la rapprocher le plus possible de la perfection divine.

Les lois naturelles qui régissent l'humanité sont, en partie, mises en pratique en France; mais il faut encore les améliorer et les compléter.

C'est le devoir des délégués et des déléguées de faire ce travail dans le plus bref délai possible.

Leur programme est à peu près le suivant, dans l'ordre d'urgence :

1° Définir les droits de l'homme depuis sa naissance jusqu'à sa mort ;

2° Organiser le service des secours pour tout le monde, depuis le premier âge jusqu'à la mort surtout pour les personnes faibles, les impotents et les personnes frappées par le malheur ;

3° Organiser le service de l'instruction générale, depuis le jeune âge jusqu'à l'époque de la majorité ou du mariage ;

4° Faciliter le mariage de tous les jeunes gens et de toutes les jeunes filles sans exception, dès que leur développement physique et leur état de santé le permettent ;

5° Organiser le service du travail et de la production nationale ;

6° Organiser le service de protection de la nation, tant sur terre que sur mer ;

7° Organiser le service des derniers devoirs humains, la mort étant un devoir pour ceux qui ont terminé leur tâche sur terre, ou une punition pour ceux qui ne se conforment pas aux lois de Dieu réglementant la vie humaine ;

8° Enfin, organiser d'une façon générale le service des relations mondiales tant au point de vue de l'échange des produits qu'au point de vue de la sécurité nationale, etc.

Ces lois étant votées, les différents conseils et

fonctionnaires les font connaître au public et les font exécuter.

Les nominations des fonctionnaires sont faites d'abord dans l'ordre du classement établi après concours; puis, plus tard, dans l'ordre établi annuellement, résultant des travaux fournis par chacun.

CHAPITRE VII

Conclusion.

Le peuple français est maintenant tout à fait apte à se gouverner lui-même.

Depuis 1789 il a acquis assez d'expérience pour savoir user de la liberté et n'en point abuser. Cependant, il doit travailler encore à l'amélioration de son organisation politique, sociale et familiale.

Avant 1914, il a laissé trop de liberté à des gens qui ne le méritaient pas, et il en a payé les conséquences.

Pendant près d'un demi-siècle il a essayé d'oublier la plaie qui lui avait été faite en 1870 ; il a fait preuve d'une patience extraordinaire. Pour sauver la paix du monde, il a abandonné à l'Allemagne une partie du Congo. Ce fut une faute énorme, car l'Allemagne ne faisait des gestes violents à cette époque que pour se rendre compte de l'état d'âme des puissances étrangères, connaître leurs ressources de toute nature et leur esprit militaire.

Elle n'a considéré notre abandon du Congo que comme une faiblesse, une chute définitive, et elle s'est dit : « La poire est mûre ! Il faut la cueillir, c'est le moment ! La France est désorganisée, son armée n'existe presque plus. Nous sommes prêts, les Français ne le sont pas ! Il n'y a plus de discipline en France, le peuple est veule et incapable de reproduction ; nous n'avons plus qu'à marcher. Allons-y ! »

Et l'invasion fut formidable. Et la France a failli en périr.

Déjà beaucoup de petits peuples neutres croyaient que c'en était fait de nous.

Heureusement le Français est un homme à grandes ressources. Lorsqu'on le croit mourant, il se redresse et bondit ; il terrasse son adversaire, et produit « la Marne ».

Mais il n'en est pas moins vrai que nos fautes politiques d'avant 1914, nos faiblesses nous ont valu plus de quatre années d'invasion, une diminution de population importante et une désorganisation familiale que les Poilus de notre époque auront bien du mal à remettre sur pied.

Il faut donc, pour l'avenir, que tout le monde se remette au travail et accomplisse ses devoirs.

Il faut que chacun élève une famille aussi nombreuse que possible, et l'élève dans le travail et dans l'instruction. Si notre population avait été plus nombreuse en 1914 nous n'aurions peut-être jamais vu les Boches.

Si notre manière de faire avait été plus sérieuse, plus observatrice, plus attentive aux renseignements qui nous étaient fournis par des gens sérieux, nous aurions vu le danger et nous aurions pris les précautions nécessaires.

Au lieu de cela, sous prétexte de liberté, nous avons laissé se faufiler parmi nous d'innombrables espions, démoralisateurs, désorganisateurs de société ; puis, nous les avons laissé répandre leurs théories abominables de diminution des armements, diminution des effectifs, suppression des places fortes du nord de la France, suppression de la discipline, suppression des galonnés, etc., etc., qui nous livraient pieds et poings liés à nos pires ennemis ; alors que l'Allemagne pendant ce temps augmentait ses armements et ses effectifs, augmentait ses places fortes, sa marine de guerre, sa discipline, ses gradés, faisait rentrer l'or dans ses caisses et préparait la plus formidable invasion que l'Histoire eût jamais vue.

Français et Françaises. mes frères, mes sœurs, mes enfants, n'oubliez jamais *Charleroi* et les années qui l'ont précédé !

Charleroi a été la conséquence de nos nombreuses fautes d'avant-guerre.

C'est une rude et terrible leçon, qui navre le cœur lorsqu'on l'apprend, mais qu'il est nécessaire de connaître. En l'étudiant et en ne l'oubliant jamais, vous arriverez mes enfants à comprendre cette catastrophe, à comprendre la nécessité de prendre des précautions pour défendre la France dans l'avenir.

Évidemment, les hommes et les peuples n'ont pas été créés et mis au monde pour se faire la guerre, ni s'entre-tuer les uns les autres. Au contraire, ils ont été créés pour s'entr'aider et se faciliter l'existence. Mais jusqu'à nouvel ordre et tant que l'Humanité comptera des êtres imparfaits, ambitieux, immodérés dans leurs désirs et dans leurs goûts, nous serons obligés d'avoir de puissants moyens de défense contre eux.

Pour être victorieux contre les moyens barbares de nos ennemis, nos moyens de défense devront être plus puissants que leurs moyens d'attaque.

En résumé :

« Plus de guerres d'attaques et de conquêtes de la part des Français! mais une organisation défensive du territoire suffisante pour empêcher toute invasion quelle que soit son importance. »

Et si tous les peuples de la terre veulent admettre les mêmes préceptes que nous — chose qui doit arriver un jour — si nous propageons partout ces vérités comme c'est notre devoir, nous verrons enfin régner sur la terre le bonheur que nous recherchons tous, mais que par notre faute nous n'avons pas pu atteindre jusqu'à présent.

La France travaille à augmenter la civilisation et le bien-être de l'Humanité. Elle invite tous les peuples civilisés de la terre à se joindre à elle pour atteindre promptement cette perfection divine : le bonheur parfait !

26 novembre 1918.

TABLE DES MATIÈRES

DEUXIÈME PARTIE

ESQUISSE SUR L'ORGANISATION GÉNÉRALE DE LA FRANCE

ÉVREUX, IMPRIMERIE CH. HÉRISSEY

www.ingramcontent.com/pod-product-compliance
Lightning Source LLC
LaVergne TN
LVHW022316170726
843503LV00006B/2545